Extrait des Nos 30 et 31 de Lyon Colonial

L'Afrique Équatoriale Française

CONFÉRENCE DE M. AUGAGNEUR

GOUVERNEUR GÉNÉRAL DE L'AFRIQUE ÉQUATORIALE FRANÇAISE

ORGANISÉE PAR

l'Association des Anciens Élèves de l'Enseignement Colonial
de la Chambre de Commerce de Lyon

DE CONCERT AVEC

l'Association des Anciens Élèves de l'École Centrale Lyonnaise

ET

l'Association des Anciens Élèves de l'École Supérieure de Commerce

Le Lundi 23 Janvier 1922

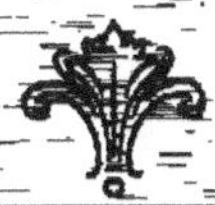

LYON-VILLEURBANNE
IMPRIMERIE A. TALLIN
13, Rue de Lorraine, 13

1922

L'Afrique Equatoriale Française

La séance est ouverte sous la présidence de M. Louis PRADEL, président de la Chambre de commerce de Lyon.

LE PRÉSIDENT :

Mesdames, Messieurs,

M. le Gouverneur général de l'*Afrique Equatoriale Française* a eu l'heureuse idée, profitant d'un voyage qu'il faisait en France, de venir jusqu'à nous pour nous parler de l'immense territoire dont il a l'administration, et, sachant tout l'intérêt que la Chambre de commerce de Lyon porte à nos Colonies, il m'a demandé de présider cette réunion. J'ai accepté avec grand plaisir, rendant ainsi hommage à l'heureuse initiative qu'il a eue de choisir cette ville de Lyon qui s'est toujours beaucoup intéressée aux questions coloniales, pour nous parler de l'Afrique Equatoriale Française, nous dire son présent et nous faire entrevoir son avenir.

Je crois, Messieurs, qu'il n'y a pas présentement de question plus importante, pour le relèvement de notre pays, que celle de nos Colonies. Il faut reconnaître que, pendant de trop longues années, nous n'avons pas eu à leur égard une politique économique bien définie. Nous les avions trop négligées. Nous avions oublié et les richesses qu'elles pouvaient nous fournir et les débouchés qu'elles pouvaient nous procurer. Et cependant, au point de vue importations, nous sommes encore tributaires de l'Etranger pour de nombreuses matières premières, pour n'en citer que quelques-unes : le coton, le sucre, le café. Au point de vue exportation, nous avions trop négligé, — à un moment où la plupart des marchés étrangers se fermaient devant nous sous la poussée d'un protectionnisme excessif, — nous avions trop négligé, dis-je, les Colonies.

La crise économique que nous subissons présentement doit nous rappeler à une compréhension plus exacte de nos Colonies. Dans cette grande cité lyonnaise, les questions coloniales ne nous ont jamais laissés indifférents. Vous savez comme moi, Monsieur le Gouverneur général, que le Lyonnais, bien que casanier par nature,

Enfin, le Tchad qui a pour limite à l'Est le Grand Lac Tchad, à l'Ouest, le Darfour et les possessions anglaises.

La surface de l'Afrique Equatoriale Française est immense ; elle est quatre fois et demie plus grande que la France, mais elle est très peu peuplée. Ce n'est donc pas la surface qui manque pour la colonisation.

Au point de vue exploitation, la chose la plus importante, et qui a une répercussion économique considérable, c'est que les fleuves de la côte occidentale ne sont pas navigables dans tout leur cours. L'Afrique Equatoriale possède de grands fleuves, mais qui ne sont propres à la navigation que dans une partie de leur cours ; la navigabilité cesse environ à 300 ou 400 kilomètres de la mer et, là, le fleuve est coupé de chutes, de rapides, qui le rendent complètement inutilisable.

Voilà simplement, Messieurs, ce que je voulais vous dire au point de vue géographique.

Les produits naturels du sol sont des produits végétaux, mais aussi des produits animaux. Les produits végétaux ou animaux, objets des principales transactions commerciales, sont le caoutchouc, l'ivoire, divers oléagineux ; ce sont les trois principaux produits d'exportation. Le caoutchouc a pu fournir une exportation arrivant à 2.500 tonnes, l'ivoire a dépassé quelquefois 100 à 150 tonnes, et les oléagineux ont été exportés pour environ 10 à 12.000 tonnes.

Il y a aussi des minerais susceptibles d'exploitation, car l'Afrique Equatoriale Française est certainement très riche au point de vue sous-sol. D'ores et déjà, on a extrait du minerai de cuivre dont l'analyse a donné 70 à 75 % de cuivre, si bien qu'on a pu exporter le minerai en nature, ce qui est une véritable folie au point de vue économique. Tels sont les principaux produits naturels du sol, mais la culture peut se faire aisément. On a déjà planté le cacao qui donne d'excellents produits, le café pousse a l'état sauvage et la culture du caféier peut également donner de très avantageux résultats. Il y a des contrées extrêmement fertiles et, d'ailleurs, sur une étendue pareille à celle de l'A. E. F. on peut choisir.

Les produits animaux sont, d'abord, quelques animaux domestiques. Au Tchad, des animaux de l'espèce bovine, des chevaux. L'espèce ovine y est représentée par quelques moutons et par une quantité assez considérable de « cabris ». Les porcs sont élevés dans certaines régions, mais la richesse, à ce point de vue, n'est pas très grande. Il y a naturellement des animaux sauvages, le tigre, le lion, l'éléphant qui fournit l'ivoire, l'hippopotame qu'on rencontre dans presque tous les fleuves et toute une série de grands animaux, girafes, rhinocéros, antilopes, buffles et bœufs sauvages.

La matière colonisatrice existe donc, étant donné la grande surface livrée à la colonisation.

Là se pose une question générale. Quelle est et l'utilité et l'utilisation des Colonies ? Il semble qu'une question semblable soit quelque peu inutile. Il n'en est pas ainsi et je vous rappelle, au point de vue historique, avec quelles difficultés a été constitué notre Empire colonial. Il n'y a pas un demi-siècle que Jules Ferry était obligé de combattre lorsqu'il voulait nous donner la Tunisie et le Tonkin. Je salue, Messieurs, le souvenir de cet homme d'Etat qui a été méconnu, qui pourtant a tant travaillé pour le Pays et que surtout les Coloniaux devraient vénérer.   *(Applaudissements).*

L'utilité des Colonies, on peut la déduire de certains chiffres. Si vous comparez le mouvement commercial de la France en 1885 — je prends cette époque parce qu'à ce moment il n'y avait à peu près pas de colonies — et le même mouvement commercial en 1913, vous verrez que le mouvement, l'importance du commerce français a à peu près doublé dans cette période, mais que, dans cette même période, le commerce des Colonies qui est incorporé au commerce général français représente plus de la moitié de l'augmentation. Il y a là un point très important démontrant combien les Colonies coopèrent à l'expansion commerciale du pays. Avant 1885, presque pas de Colonies ; en 1913, toutes nos Colonies ; dans cet intervalle, le commerce double mais les Colonies déterminent la moitié de cette augmentation ; il y a là, Messieurs, une démonstration qui ne peut pas laisser de doute sur l'utilité des Colonies.

Je viens de vous montrer, par un calcul brutal, l'importance des Colonies au point de vue commercial, mais j'ai laissé de côté, bien entendu, une autre considération qu'on peut appeler le côté moral de la colonisation. Les idées de la civilisation, ce qui caractérise la colonisation française, — je peux bien m'exprimer ainsi, car je suis indépendant, peux donc juger l'œuvre qui a été accomplie, — eh bien ! l'œuvre coloniale de la France, au point de vue de la civilisation, a été admirable !

Messieurs, ne vous laissez pas aller, je vous en prie, à ces critiques qui, sur un empire colonial qui représente vingt fois la surface de la France, ont pu grossir l'importance des méfaits de quelques rares malheureux qui, perdus dans la brousse, sous l'influence déprimante du climat, de l'isolement, armés d'un moral débile ont pu oublier les principes qu'ils avaient reçus dans notre pays et furent cruels et brutaux. Ce n'est par des exceptions qu'on doit juger, mais par la généralité. Lorsqu'en face de l'histoire isolée d'un « toqué », on place la vie d'héroïsme de si nombreux administrateurs de nos Colonies, vivant dans la brousse, exposés à la mauvaise influence du climat, à celle de l'isolement, y résistant, accomplissant modestement leur mission de civilisateurs et de Français, eh bien, Messieurs, on peut dire que ce sont ceux-là qui représentent excellemment l'esprit et l'action de la colonisation de la France.

                    (Applaudissements).

L'œuvre de la France a été une œuvre admirable. Aujourd'hui, il y a des peuples qui, pour des raisons de situation géographique et de puissance maritime, ont pu donner l'illusion trompeuse d'être des maîtres, mais, si vous allez au fond des choses, vous ne trouverez nulle part une colonisation aussi humaine, aussi juste que celle accomplie par notre pays et notre race.   *(Applaudissements)*.

Nous avons, nous, Français, la coquetterie de chercher, à côté de notre profit personnel, un profit général; cela a été l'œuvre de la France en Afrique Equatoriale Française. Et quand vous pouvez opposer à l'œuvre de la mission Stanley, traversant le continent à coups de fusils, en face d'indigènes qui n'avaient que des flèches pour se défendre, l'œuvre pacifique faite par un homme seul, comme celle de De Brazza, arrivant à se concilier les indigènes presque sans lutte, je dis que tout l'honneur est à la colonisation à la française.

(Applaudissements).

Nous arrivons maintenant à des questions plus pratiques, si vous le voulez bien, et à ce que doit être aux Colonies l'œuvre des Colons et l'œuvre de l'Administration. Messieurs, là encore, comme à l'égard des sévices contre les indigènes, on se trouve souvent en présence d'opinions inexactes. Les Colons, à en croire certains, diraient volontiers : « Comme les Colonies seraient agréables, s'il n'y avait pas l'Administration », et les Administrations répéteraient à leur tour : « Comme les Colonies seraient agréables, s'il n'y avait pas de Colons ! »

Mesdames et Messieurs, ceci n'est pas exact. Il y a place aux Colonies et pour le Colon et pour l'Administration.

Les Colonies sont faites pour les Colons. L'Administration doit leur laisser toute liberté possible dans leur colonisation; seulement, lorsque le Colon oublie trop les intérêts généraux, dépasse les bornes et devient gênant pour la cause publique, l'Administration n'a pas d'autre rôle que de représenter l'Etat en face des Colons; elle doit mettre en rapport les intérêts individuels et les intérêts généraux et les concilier toutes les fois qu'elle le peut. Je suis donc un partisan tout à fait déterminé de la liberté des Colons, de la liberté de leurs initiatives. A leur égard, l'Administration doit être juste, elle ne doit connaître ni amis, ni adversaires, et c'est ce que je me suis efforcé de faire en Afrique Equatoriale Française.

Le rôle de l'Administration est d'abord de représenter la Patrie française en face des intérêts individuels que peuvent défendre les Colons ; c'est l'Administration qui se doit et qui doit à la France de faire triompher les principes de justice dont je vous ai parlé, c'est elle qui doit procéder à l'outillage économique du pays.

L'Afrique Equatoriale Française a été très déshéritée au point de vue des moyens de transport, et si le Gabon peut évacuer ses produits d'une façon relativement rapide, les autres parties de la colonie sont dans une situation tout à fait fâcheuse. Je vous disais que le Congo cesse d'être navigable à partir de Brazzaville, c'est-à-dire à 400 kilomètres de la mer. Pendant 300 kilomètres, ce fleuve n'est plus qu'une succession de rapides et de chutes; en amont, au contraire, il est navigable sur toute son étendue française. On peut donc faire à peu près 1.200 kilomètres en bateau, mais arrivé à Brazzaville, il est impossible d'aller jusqu'à la mer. Comment faire pour amener les marchandises jusqu'à la mer ? Sur la rive gauche du Congo se trouve le Congo belge, nous avons avec nos voisins des rapports très cordiaux. La Belgique s'est trop bien conduite au début de la guerre pour que nous puissions jamais l'oublier. Nos rapports avec nos amis du Congo belge sont étroits et excellents et le seront toujours.

(*Applaudissements*).

Les Belges, qui sont arrivés au Congo à peu près en même temps que nous, y ont construit sur la rive gauche du fleuve, un chemin de fer qui va jusqu'en face de Brazzaville. Il a 400 kilomètres de longueur. Ce chemin de fer a été construit avec beaucoup de hardiesse, mais c'est un chemin de fer de fortune, qui a des pentes allant jusqu'à 45 et 46 % et des courbes n'ayant parfois que 20 mètres de rayon. D'autre part, les produits du Congo belge sont très abondants, le chemin de fer n'est pas suffisant pour les exporter et c'est cependant ce même chemin de fer qui est le seul moyen à notre disposition pour évacuer les produits de notre colonie. Quoique nous fassions dans ces conditions, nous ne pourrons jamais exporter, c'est-à-dire mettre la colonie en exploitation sérieuse. La question vitale de l'Afrique Equatoriale Française est une question de transport, et c'est de cela que l'Administration doit s'occuper avant tout. L'initiative privée, incertaine du résultat, ne se chargera pas d'une entreprise comme celle du chemin de fer. C'est donc l'Etat qui doit s'en charger. Jusqu'à présent, l'Administration avait paru oublier ce devoir. Les études avaient été commencées, puis recommencées, j'ai réussi à les terminer. Je n'ai pas la prétention d'avoir trouvé une solution idéale, parce que, si l'on veut, on peut toujours critiquer, mais j'ai décidé d'une solution et j'ai pu obtenir l'autorisation du Ministère de commencer les travaux. La voie existe déjà sur une trentaine de kilomètres et je demande les moyens de la continuer. Je suis à peu près sûr de les obtenir. C'est là l'œuvre vitale. Il n'y a pas à espérer une plus grande exportation sans moyens de transport. On peut évacuer une certaine quantité de produits, mais nous sommes dans l'impossibilité de faire mieux n'ayant pas de voies de communications. D'ailleurs, dans ces pays lointains, la question des transports est une question de premier ordre. Dans un avenir quelconque, quel que soit le prix des produits, nous serons toujours dans une situation défavorable par le fait que nous serons plus loin que les autres.

Nous allons poursuivre le chemin de fer qui, jusqu'à présent, n'avait pu être construit, — ne voyez pas là une critique à l'égard de ceux qui m'ont précédé, — et j'espère arriver dans quelques années à rejoindre, par une voie tantôt ferrée, tantôt fluviale, le Tchad, au Congo, voie qui se poursuivra sans interruption sur 3.000 kilomètres.

Mais l'Administration a une autre fonction. Quand le colon

arrive en Afrique Equatoriale Française, il faut qu'il sache qu'il ne peut remplir qu'un rôle de direction et de surveillance. Les conditions de salubrité du pays ne permettent pas aux Européens de travailler de leurs mains. Je ne considère pas cela comme un malheur. Si nous voulons conserver notre prestige à l'égard des populations indigènes, il faut que ces peuples sentent que les Européens qui sont parmi elles leur sont supérieurs.

Regardez autour de nous. Dans le Nord du Maroc, comment expliquer les difficultés que rencontre certaine nation voisine ? Ses nationaux sont arrivés souvent au Maroc en qualité de travailleurs manuels, en concurrence avec les indigènes, cette situation n'a pas accru leur autorité morale. Il faut que le colon, s'il veut maintenir son prestige, paraisse au-dessus des nécessités ordinaires de la vie. Cette manière de voir peut sembler très aristocratique, mais elle est simplement pratique. Il faut donc que la main-d'œuvre, le travailleur, soit pris parmi les indigènes et alors intervient l'Administration. C'est alors aussi qu'elle se trouve en discussion avec les colons. Il n'y a pas de colonie sans population indigène et il faut que l'Administration prenne des mesures pour la conserver. Et, par un très heureux hasard, il se trouve que dans cette question les idées, les principes de la civilisation se rencontrent en parfaite harmonie avec les intérêts matériels des colons. L'Administration ne peut laisser l'indigène à la merci de quelques individus qui abuseraient de lui. L'indigène au service des colons doit être bien nourri, payé régulièrement et, je vous le répète, par un très heureux hasard, les intérêts matériels sont en rapport avec les intérêts moraux. L'Afrique Equatoriale Française est très peu peuplée ; elle compte trois millions d'individus, pas davantage, groupés sur certains points d'où on peut en tirer une collaboration très utile; mais, là encore, il faut que la colonisation tienne compte de certaines considérations.

Quand nous arrivons dans un pays comme l'Afrique Equatoriale Française, nous y apportons nos habitudes, nos lois, en quelque sorte notre manière de voir. Ces pauvres populations sont incapables d'y comprendre quelque chose. Vous avez à faire, il ne faut pas l'oublier, à des races les plus inférieures de l'humanité, ne possédant pas un rudiment d'organisation sociale. Vous venez leur parler devoir, vous venez leur parler justice, vous leur donnez des outils français, comment voulez-vous qu'ils vous comprennent. Avant de s'efforcer d'être compris de l'indigène, il faut tenter de le comprendre, essayer de voir ce dont il est capable. Nous leur devons l'assistance et si nous étions venus pour les exploiter, nous ne serions pas dignes d'être des Français.

(Applaudissements)

Voilà le rôle de l'Administration. Maintenant quel est le rôle du colon et quels sont les résultats obtenus jusqu'à présent. Ce ne sont pas des résultats brillants, mais les conditions dans lesquelles ont agi les colons peuvent expliquer la modicité relative de ces résultats. En Afrique Equatoriale Française, on a établi le système des grandes concessions ; quelques personnes se réunissaient, fondaient une Société et obtenaient la concession d'immenses territoires, de millions d'hectares parfois. Le concessionnaire avait le monopole du commerce sur sa concession. Tous les produits du sol devaient être portés au concessionnaire, qui payait la main-d'œuvre et qui avait seul le droit de vendre ces produits. On a beaucoup critiqué ce système ? Il est rare qu'une mesure, si mauvaise soit-elle, n'ait pas eu son explication. L'explication est la suivante : lorsque nous nous sommes établis au Congo, nos amis les Anglais sont intervenus et ont imaginé le régime dit « du Bassin Conventionnel ». De chaque côté du Congo, on a tracé des lignes, plus ou moins vagues, sur la carte ; il a été entendu que les peuples qui avaient colonisé ces régions en devenaient les maîtres, mais à condition que toutes les nations puissent librement exploiter le pays, c'est-à-dire qu'en réalité les Belges, sur la rive gauche, étaient admis à faire la police de ces régions, assuraient leur sécurité, pouvaient faire les travaux publics, mais qu'ils ne pouvaient pas en tirer autre chose que l'impôt donné par les indigènes ; nous Français, jouissions des mêmes onéreuses prérogatives sur la rive droite du grand fleuve.

Messieurs, en matière de colonisation, il ne faut pas voir trop grand. Qui peut mettre en valeur 100.000 hectares aux colonies ? Personne, car il faudrait des capitaux immenses qui, en temps ordinaire, dépassent les moyens de n'importe quel pays. Les Sociétés concessionnaires n'ont pas mis en valeur leurs territoires ; elles se sont contentées d'y faire du commerce et, la concurrence n'existant pas, il ne pouvait pas y avoir de développement commercial. Le système a eu un autre résultat : comme les Compagnies concessionnaires ne faisaient pas autre chose qu'exporter, on s'est habitué, en France, à l'idée que les colonies devaient être simplement des réserves de matières premières et la Métropole s'est jalousement défendue contre toute idée d'industrie aux colonies. Eh bien, c'est une erreur et c'est ce que je voudrais exposer en quelques mots.

C'est une erreur de croire que la colonisation doit être purement commerciale ; il faut, à côté d'elle, la colonisation industrielle. Je vous ai dit que le Gabon possède des quantités de bois précieux. On a exporté jusqu'à 44.000 tonnes de ces bois qui devraient trouver facilement preneur sur le sol français. Pourquoi exporter ces bois en « grumes », ce qui les oblige à payer des frais de transport inutiles, lorsqu'il serait si facile d'établir des scieries sur place ?

Voici les amandes de palmes, qui contiennent une grande quantité de matière oléagineuse. On exporte ces amandes, c'est-à-dire que, quand elles arrivent en France, il y a 7 ou 8 mois qu'elles ont été cueillies, d'où une diminution de la quantité de produits oléagineux. Pourquoi ne pas établir la fabrique d'huiles de palmes aux colonies ? C'est extrêmement simple. Il en est de même pour le minerai. On exporte le minerai brut quand on pourrait si bien établir aux colonies soit le traitement électrique du cuivre, soit tout autre procédé.

Dans toutes les industries, on peut distinguer deux opérations différentes : la préparation de la matière première et le finissage. Notre main-d'œuvre française est délicate, artistique presque, excellente, en un mot, pour le finissage, mais il est fâcheux de l'employer à des opérations de dégrossissage qui devraient être réservées à la main-d'œuvre des colonies.

L'industrie aux colonies est donc indispensable. Mais les colonies ne nous intéressent pas seulement au point de vue exportation, mais encore, pour l'importation des produits français vendus aux colonies. Nos importations en Afrique Equatoriale Française dépendront de l'importance des exportations. L'indigène n'a aucune fortune. Il vit au jour le jour, tellement imprévoyant que nous sommes obligés de lui imposer des cultures ; si on ne l'obligeait pas à cultiver, il ne cultiverait pas. Lorsque la récolte a été fructueuse, il dépense tout, dévore la moitié en quelques jours, puis il ne travaille plus et la disette arrive. Il faut donc commencer par donner aux indigènes le moyen de faire des achats. Si nous arrivons à exporter beaucoup, si nous amenons les indigènes à récolter beaucoup de caoutchouc, beaucoup d'oléagineux, si nous mettons de l'argent en circulation, ils pourront à leur tour dépenser cet argent en matières d'importation et, soyez sans inquiétudes, ils le dépenseront tout entier. Il n'y a pas de Caisse d'Epargne pour les nègres et, d'ailleurs, il y en aurait une qu'elle ne ferait pas ses affaires. Il n'y a aucun danger de voir la thésaurisation s'introduire chez eux !

A cet égard, je voudrais dire quelques mots aux manufacturiers français. Les articles français entrent en Afrique Equatoriale Française pour une grande partie, quand il s'agit d'outils, pour une partie moins importante quand il s'agit de conserves et quand il s'agit d'étoffes, les manufactures anglaises jouissent presque d'un monopole. Et je voudrais prier les industriels de cette région de vouloir bien porter leur attention sur l'Afrique Equatoriale. L'intérêt du commerce français à fournir le marché indigène commande aux industriels de vouloir bien essayer de fournir les étoffes à meilleur marché que les Anglais et de même qualité, ce qui n'est pas beaucoup dire !

En tout, ne cherchons pas à imposer aux populations indigènes nos habitudes. Comment voulez-vous que les noirs, sans apprentissage, se servent d'outils français. Le nègre, et surtout la négresse, aiment surtout les couleurs vives. Tissez des pagnes de couleurs vives, aux dessins les plus cubistes, les plus contraires à votre goût, ils les achèteront. Faites-vous envoyer les outils dont ils se servent, dont ils ont l'habitude et fabriquez-leur ces outils là. Je le répète, dans nos rapports avec les population indigènes. efforçons-nous de les comprendre et quand il s'agit de produits, fournissons-leur ceux dont elles ont l'habitude.

Voilà, Messieurs, ce que je voulais vous dire. Il y aurait aussi d'autres points, mais le temps me presse.

Mais je demande que tous ceux qui ont quelques influences dans ce pays veuillent bien faire comprendre que les Colonies ne sont pas un pays étranger à la France, mais une partie intégrante de la Nation française elle-même et que tout notre système fiscal vis-à-vis des colonies doit être réformé. Il ne faut pas que les produits des colonies soient frappés de droits de douane à leur entrée en France. Les quelques centaines de mille francs, qui du fait de ces droits de douane, tombent dans le Trésor, vous font perdre bien plus qu'ils ne vous rapportent. Les colonies, encore une fois, ne sont pas des pays étrangers, ce sont des parties intégrantes de la Métropole et il faut qu'on le dise et qu'on le répète et qu'on fasse supprimer ces barrières douanières obstacles à tout développement.

Voilà, Mesdames et Messieurs, les quelques renseignements que je pouvais vous donner sur l'Afrique Equatoriale Française. Vous voyez que cette colonie est une colonie d'avenir, à la condition, bien entendu, que l'Etat ne paraisse pas nous oublier. Notre situation n'est pas extrêmement brillante. Nous voyons que le Maroc, qui est évidemment beaucoup plus important a des crédits considérables chaque année et, nous voudrions bien avoir une petite part dans cette distribution. Je compte sur tous ceux qui ont assisté à cette conférence, je compte surtout sur les commerçants et les industriels pour nous aider dans le développement de l'Afrique Equatoriale Française.

Mesdames, Messieurs, quand on considère les choses de loin, sans être troublé dans ses appréciations par les faits quotidiens, on se rend compte, de plus en plus, de la nécessité indispensable de l'union de tous les Français. Dans toutes les questions posées, dans toutes les discussions, s'impose une obligation, être Français d'abord.

(Applaudissements).

Nous sommes latins et nous sommes entourés de toutes parts par le développement d'autres nations que nous respectons, mais qui ont des civilisations différentes de la nôtre et nous nous devons de conserver notre nationalité. Nous sommes Français et nous devons partout agir en Français. Nous ne devons pas avoir un idéal égoïste, nous n'avons pas l'intention de nous imposer aux autres par la force, nous sommes les initiateurs, les conservateurs de l'esprit de civilisation qui a sauvé le monde de la barbarie, seul capable de le rendre habitable.

Et maintenant, je m'adresse à vous, Messieurs, représentant du commerce et de l'industrie. Il y a quelque soixante ans, un ministre de Louis-Philippe disait à une réunion « Enrichissez-vous ». On l'a blâmé beaucoup de cette parole. Il faut s'entendre. Enrichissez-vous, par n'importe quel moyen, c'est une parole impie. Mais je vous dis que la base sur laquelle s'appuiera l'influence française est, et sera, la puissance matérielle de la Nation, puissance qui résultera en grande partie de sa richesse, si la richesse est bien employée, si ceux qui l'établissent ne se montrent pas purement égoïstes, ceux-ci auront accompli une œuvre utile à la civilisation.

Je suis certain que vous continuerez cette œuvre. (Applaudis.)

Monsieur le Président :

Mesdames, Messieurs,

Vous venez de manifester par vos applaudissements tout le plaisir que vous avez pris à entendre M. Augagneur vous exposer la façon dont il poursuivait son œuvre de colonisation en Afrique Equatoriale Française.

Je suis certain d'être l'interprète des sentiments de tous en le remerciant.

Nous ne pouvons qu'applaudir à son œuvre qui tend à faire de l'Afrique Equatoriale Française une de nos plus grandes colonies.

Je le remercie en mon nom et en votre nom à tous et nos vœux l'accompagneront, car il s'agit non seulement de la grandeur et de l'intérêt de la cité lyonnaise, mais de la grandeur de la France toute entière. (Applaudissements).

La séance est levée.

www.ingramcontent.com/pod-product-compliance
Lightning Source LLC
LaVergne TN
LVHW010915180726
843502LV00010B/4133